QUELQUES

CONSIDÉRATIONS POLITIQUES.

IMPRIMERIE DE Vᵉ THUAU,
RUE DU CLOÎTRE-SAINT-BENOIT, N. 4.

QUELQUES

CONSIDÉRATIONS POLITIQUES,

FAISANT SUITE AU

SIMPLE VOEU.

PAR LE MEME AUTEUR.

PARIS,

CHEZ DENTU, LIBRAIRE, AU PALAIS-ROYAL.

—

1833.

QUELQUES

CONSIDÉRATIONS POLITIQUES.

Il survient quelquefois dans la vie des états des circonstances tellement graves que, lorsqu'elles se présentent, il n'est plus permis à un homme public, animé de l'amour de son pays, de garder le silence, alors même que son grand âge ou des considérations d'amour-propre sembleraient lui prescrire une conduite à peu près impassible. C'est, au contraire, vers le déclin de la vie qu'il convient surtout de penser à en sortir exempt des reproches de ses contemporains, et en paix avec sa propre conscience.

Toutefois, il peut arriver qu'en écrivant dans l'intérêt du pays, on risque de froisser d'autres intérêts dont l'élévation commande le respect; alors la plume tombera peut-être des mains de l'écrivain politique qui, malgré l'extension de la liberté que les lois ont promise à la presse, craindra d'être puni pour avoir usé de cette liberté.

Telle n'est point la position de l'homme public. Il ne doit craindre que d'être accusé de dissimulation. Ce n'est pas à tel ou tel parti qu'il est dévoué, ni même à telle ou telle personne, mais à l'état; ses intentions étant pures, sa franchise doit être entière; ou s'il apporte quelque réserve dans l'expression de sa pensée, il ne faut pas que cette réserve puisse nuire à la cause sacrée qu'il s'est fait un devoir de défendre.

Pour défendre cette cause, je fonderai mes raisonnemens sur des faits; je prendrai ces faits dans l'histoire d'un peuple dont les éternelles agitations auraient dû éclairer une nation qui a pu long-temps se glorifier d'être un modèle pour les autres, et qui depuis n'a certes rien gagné à chercher des exemples chez ses voisins.

Je ne me dissimule pas la témérité de mon dessein; il a pour premier objet de combattre un principe séduisant pour le peuple, attrayant pour les écrivains, utile aux novateurs et aux ambitieux, mais principe dangereux pour ce même peuple qu'il trompe sur ses véritables intérêts, qui tend à bouleverser les états, et nuit souvent à ceux-là mêmes dont il favorise les projets. Ce principe est la souveraineté du peuple, puissance occulte, qui a des agens d'autant plus susceptibles que, s'étant fait les interprètes d'une divinité imaginaire, ils sont particulièrement intéressés à faire croire que leurs paroles sont de véritables oracles.

Les troubles qui ont agité l'Angleterre jusqu'à la fin du dixième siècle n'eurent point pour cause réelle le principe de la souveraineté du peuple; car ils provenaient de querelles entre les prétentions féodales et le pouvoir royal, entre la légitimité et l'usurpation. *Henri* et *Etienne* pour consolider leur domination avaient été forcés d'accorder chacun une charte aux barons.

Ces concessions eurent le résultat naturel de tous les actes forcés. Elles étaient tombées en désuétude jusqu'à ce que Jean-Sans-Terre, voulant faire valoir d'injustes prétentions à la couronne, fut obligé de recourir au même moyen (1).

Jean ne tarda à s'en repentir, et il reprit les armes. Les barons appelèrent à leur secours le roi de France; ils lui offrirent la couronne, qu'il refusa.

Il ne faut pas attribuer au principe de la souveraineté du peuple les troubles qui ont agité l'Angleterre jusqu'à cette époque, 1399. Cette utopie était alors à peu près inconnue. Voici ce que dit Hume à l'occasion de l'usurpation de Henri IV :

« Les Anglais étaient depuis si long-temps accoutu-
« més à l'hérédité de leurs monarques, les essais qu'ils
« avaient faits de s'écarter de ce principe avaient pro-
« duit tant d'injustices et de violence, les nouveaux
« choix avaient été si peu nationaux et les retours vers
« la ligne directe considérés comme des événemens si
« heureux, que Henri craignait de bâtir sur un fonde-
« ment précaire auquel le peuple n'était pas accoutumé,
« et qui était si souvent influencé par des esprits turbu-
« lens, qui n'accordaient à leurs princes légitimes qu'une
« obéissance imparfaite. Ces observations déterminèrent
« Henri à n'avoir pas recours à ce moyen. Il préféra
« faire valoir son titre le mieux qu'il pourrait, mais en
« définitive, il n'eut aux yeux des hommes sensés d'au-
« tres droits au trône que sa possession ; fondement pré-
« caire qui, par sa nature, devait produire des factions
« parmi les grands au préjudice du peuple. Personne

(1) Voyez la note A à la fin de cet écrit.

« n'eut assez de courage pour prendre la défense du parti
« légitime. Tous furent séduits ou intimidés, et la pos-
« session suppléa à défaut de titre (1). »

Bien que Henri eut aussi accordé sa charte, son usurpation, disent les historiens, fut suivie de cent ans de
guerre, fit livrer trente batailles rangées, coûta la vie
à trois rois d'Angleterre, à un prince de Galles, à douze
ducs, à un marquis, dix-huit comtes, vingt-six barons
et quantité de noblesse.

Il me semble que les malheurs du peuple auraient bien
mérité aussi une place dans ce triste tableau. Il est vrai
que des événemens moins affligeans suivirent cette époque ; mais cent-cinquante ans après, de fanatiques fac-
tieux évoquèrent la souveraineté du peuple pour con-
duire à l'échafaud un monarque légitime, et lui substi-
tuer, sous le nom de république, l'autorité absolue d'un
prétendu protecteur (2).

Ici un douloureux et triste rapprochement de deux
catastrophes royales se présente à l'esprit d'un vieil et
fidèle serviteur de ses rois, et il ne se console d'avoir si
long-temps vécu que parce qu'il peut affirmer que le
peuple français est innocent d'un régicide qu'il eut toujours en horreur ; aussi les juges du Roi-Martyr se gar-
dèrent-ils de faire appel au peuple de leur inique con-
damnation. De quelque machination qu'ils eussent fait
usage, ils étaient bien sûrs que l'arrêt n'eût pas été con-
firmé.

(1) Voyez la note B à la fin de cet écrit.
(2) Voyez la note C à la fin de cet écrit.

Il a été plus aisé de fabriquer ou supposer des votes pour faire passer successivement la France d'une quasi-monarchie à la république, puis au directoire et au consulat temporaire et au consulat à vie, et enfin à une autre république dérisoire, gouvernée par un empereur héréditaire. Oh! le commode et élastique principe que celui de la souveraineté du peuple! comme il se prêta à ces divers changemens!

On a vu que ce principe était si peu établi en Angleterre lors du règne de Henri IV, que ce monarque n'osa le mettre en pratique. On a vu enfin les suites sanglantes de son application dans un temps plus moderne, les guerres qu'il a produites et les longs malheurs que les peuples en ont éprouvés.

S'ensuit-il à présent qu'il faille susciter une insurrection nouvelle pour renverser le gouvernement établi en vertu de ce principe? Non sans doute. L'insurrection, loin d'être le plus saint des devoirs, est un moyen très condamnable lorsqu'on en peut trouver à sa portée un autre plus légal. Tout gouvernement établi doit être respecté, mais il ne s'ensuit pas non plus qu'il soit interdit à un citoyen d'exprimer et de présenter les vues que sa longue expérience lui fait juger bonnes dans l'intérêt de tous.

Que l'on suppose un peuple exerçant la souveraineté dans un état assez peu étendu pour que, tous les citoyens étant réunis en une espèce de Champ de Mai, chacun puisse émettre son vœu, ce sera sans doute le plus populaire de tous les gouvernemens; et alors ne serait-il pas permis d'y débattre les questions relatives au gouvernement établi?

La même faculté doit être accordée, ce me semble, à plus forte raison, dans ces gouvernemens populaires moins complets, où un peuple, au lieu de délibérer par lui-même, a pour organe de prétendus représentans dont l'élection est souvent le fruit de l'intrigue.

Faudra-t-il donc qu'un citoyen soit réduit à jeter son vote dans la bouche de fer, comme à Venise ? Ne lui sera-t-il pas permis de discuter publiquement et ouvertement le principe du gouvernement sous lequel il vit, soit républicain, soit monarchique ?

Le principe conservateur de la monarchie est la légitimité ; la légitimité en est pour ainsi dire la *grande Charte*.

La légitimité n'intéresse pas seulement celui qui est assis au trône, ce ne serait plus que l'intérêt d'un seul, tandis qu'il s'agit de l'intérêt de tous ; la légitimité n'a jamais été méconnue que dans l'intérêt des factions, et pour le malheur de ceux que ces factions prétendaient favoriser.

Jean-Sans-Terre fut tourmenté toute sa vie ; il mourut de chagrin. Son fils ne fut pas plus heureux, et le cinquième descendant fut puni de l'usurpation de ses ancêtres par celle de Henri IV. Nous avons vu quelle série de guerres, de massacres et d'assassinats cette dernière usurpation avait amenée ; ces malheurs n'eurent un terme que lors de la réconciliation des deux familles d'York et de Lancaster, quatre-vingt-six ans après.

Six rois légitimes se succédèrent, et durant les cent cinquante ans qui suivirent la légitimité n'eut à souf-

frir aucune atteinte dangereuse, jusqu'au moment où se
développa en Europe le germe d'une déplorable contro-
verse religieuse.

L'*indépendentisme* politique se joignit à l'*indépendentisme* religieux ; en Angleterre l'esprit de réfor-
mation devint fureur et précipita Charles Ier de l'é-
chafaud dans la tombe. Un protecteur s'assit sur le trône
des Stuarts ; c'est ainsi que plus tard un empereur
victorieux osa s'asseoir sur le trône ensanglanté de
Louis XVI.

Cependant l'Angleterre, en proie aux discordes civiles
et religieuses, recouvra un instant par la restauration du
fils de Charles Ier, cette légitimité, qui devait succomber
quelques années après, mal soutenue par le sceptre dé-
bile de Jacques II.

C'est encore ici le lieu de remarquer que les Français,
qui avaient trop bien imité la sanglante catastrophe de
White-Hall, ont trouvé dans l'histoire de leurs voisins
un autre exemple non moins déplorable de trouble et de
bouleversement.

Jacques II, désirant établir dans ses états la liberté de
conscience, avait voulu associer le prince d'Orange, son
gendre, à ce bienfait précieux. Ce prince avait con-
senti à la révocation des lois pénales qui étaient communes à tous les non-conformistes, mais non à celle du
Test, qui frappait les catholiques et les réduisait à un ees-
pèce d'ilotisme.

Ce refus, qui annonçait des vues ambitieuses, fut le
principe de la mésintelligence des deux princes, par suite

de laquelle le beau-père est descendu du trône où le gendre est monté.

Je n'entrerai pas dans le détail des moyens qui l'y conduisirent. Je ne chercherai pas à justifier Jacques II des imputations de ses ennemis. Les antécédens de ma famille, irlandaise d'origine, de tout temps attachée au principe de la légitimité, la religion que je professe rendraient mon jugement suspect; d'ailleurs, ce n'est point des personnes que je m'occupe, mais des choses, des événemens, de leurs causes et de leurs résultats.

L'exaltation des idées religieuses a été évidemment la principale cause de l'éloignement que les Anglais manifestèrent pour Jacques II.

Le peuple s'enthousiasme d'autant plus pour des idées mystiques, qu'il ne peut les comprendre. Cette disposition au fanatisme, excitée et secondée par des gens qui ne la partageaient pas, mais qui avaient intérêt à s'en servir, encouragée par les troupes hollandaises aux ordres du prince d'Orange, rendit infructueux les efforts du roi pour réprimer une révolution qui pouvait trop ressembler à celle dont Charles Ier avait été victime. Ce fut cette considération qui décida sans doute Jacques II à abandonner son royaume.

On est frappé de la solennité des discussions qui suivirent ce grand événement. Si l'on médite le jugement qu'en ont porté les historiens d'Angleterre, on y voit que, malgré la double exaltation religieuse et politique des divers partis, l'idée prédominante fut de porter le moins d'atteinte possible au principe de la légitimité, et c'est ce qui détermina la déclaration, « que Jacques II

« ayant quitté volontairement l'Angleterre, il avait ab-
« diqué le gouvernement, et qu'ainsi le trône était va-
« cant, »

Cette supposition était fortifiée par l'incurie de ce
prince, qui n'avait pris aucune précaution ni aucune
mesure dans l'intérêt de son royaume et de sa dynastie.

On vit alors, dit un historien, les rênes du gouvernement tomber subitement des mains qui les tenaient,
sans que personne eût le droit ou la précaution, de les
saisir (1).

Cette quatrième ou cinquième révolution qu'a éprou-
vée l'Angleterre, justifie ce qu'a dit un auteur : « Cha-
que révolution successive devient un précédent dont celles
qui suivent ne manquent pas de s'appuyer. » Il aurait
pu ajouter qu'elles font le malheur de ceux qui les exci-
tent et de ceux en faveur de qui on prétend les faire.

La révolution de 1688 en est la preuve. Guillaume
ne fut pas heureux sur le trône, et le mécontentement du
peuple contre son gouvernement se manifesta dans plusieurs occasions. Son usurpation a été suivie de soixante
ans de guerres qui n'ont cessé qu'à l'extinction de la race
des Stuarts (2).

Tel est l'effrayant tableau des révolutions qui ont pré-
cédé chez nos voisins d'outre-mer et chez nous celle de
1830. Il est difficile de ne pas craindre que la nôtre ait
le même résultat; l'imprévoyance à cet égard serait
un crime de lèze-nation, et le silence d'un homme public une lâcheté.

(1) Voyez la note D à la fin de cet écrit.
(2) Voyez la note E.

Le principe de cette dernière révolution remonte à la restauration de 1814. A cette époque, il existait en France un parti qui se composait de républicains, de bonapartistes, et d'une autre sorte de mécontens que j'appellerai les ambitieux. Tous se réunirent pour travailler sourdement le pays et l'Europe même, et surtout pour inspirer au peuple la désaffection pour le gouvernement royal. Ce parti, devenu puissant par l'union de tant d'intérêts divers, se disposait à profiter de la première circonstance qui favoriserait ses desseins. Une imprévoyante confiance dans de bonnes intentions la fit naître : une mesure qui semblait destinée à prévenir un grand incendie fut précisément ce qui l'alluma, et cet incendie n'est pas encore éteint (1).

Les républicains, d'accord un moment avec les bonapartistes et autres mécontens, fomentèrent une effroyable insurrection, au moyen de laquelle les premiers auraient réussi à établir une république quelconque, si leur chef avait eu autant de génie que de prétention à la célébrité. Les ambitieux profitèrent de son inhabileté pour faire tourner à leur avantage un mouvement insurrectionnel dont le résultat éventuel pouvait renverser leurs espérances. Il a produit la situation présente (2).

Après en avoir développé les causes, il n'est pas moins important de bien connaître cette situation ; l'illusion à cet égard est le plus grand malheur qu'un peuple puisse éprouver.

Au dedans, mécontentement que l'on avoue, mais que

(1) Voyez la note F à la fin de cet écrit.
(2) Voyez la note G à la fin de cet écrit.

l'on voudrait étouffer; liberté de la presse que l'on veut faire taire à force d'entraves ou de persécution ; liberté pour tous les cultes que l'on favorise, à l'exception de celui de la majorité; parti désorganisateur que l'on craint et que l'on ménage, malaise général, pénurie dans les finances, crainte de la guerre enfin.

Telle est la situation de la France à l'intérieur. Quant à l'extérieur, si l'on a tout fait pour se maintenir en paix avec nos voisins, on a fait tout aussi pour se préparer à la guerre ; on l'a donc crue possible, et cette prévision n'est que trop justifiée par les soixante années de guerres que produisit la révolution anglaise de 1688 (1).

Cependant il ne faut pas croire que les rois soient disposés à nous attaquer dans l'intérêt d'un souverain exilé, à moins que l'intérêt de leur pays ne le commande; nul d'entre les rois contemporains de Charles Ier ne chercha à venger le régicide, parce qu'aucun d'eux ne redoutait le même sort.

Louis XIV n'aurait pas embrassé la cause de Jacques II, si l'intérêt de la France et le sien ne l'eussent exigé; mais le prince d'Orange étant à la tête de la ligue qui menaçait la France, Louis XIV devait s'opposer à l'accroissement de la puissance de ce prince. Les souverains de l'Europe n'avaient point alors d'intérêt à soutenir la légitimité des Stuarts.

Aujourd'hui que les prétendus organes de la souveraineté populaire ont publié un manifeste qui menace le repos des rois et des peuples, aujourd'hui qu'une lé-

(1) Voyez la note H à la fin de cet écrit.

gitimité, la plus innocente de toutes, a succombé à l'aide
d'un principe ennemi de toute légitimité, il ne s'agit plus
seulement d'une querelle de famille dans une île et termi-
née sans préjudice des tiers, mais de l'entière des-
truction du corps social.

Le gouvernement d'aujourd'hui n'avoue pas qu'il sou-
tienne les républicains, ni même qu'il les ménage; il
dit au contraire que l'on s'opposera à leurs entreprises
comme à celles des légitimistes.

Mais contre qui se dirigent les entreprises des républicains? N'est-ce pas contre tout gouvernement royal,
contre toutes les légitimités? Vainement paraîtraient-ils
en ménager une établie d'après le principe de la souveraineté du peuple, puisque c'est précisément ce principe
qui constitue les dangers de toutes; cette dernière même
se trouverait dans la fâcheuse position d'être menacée
par le principe dont elle émane et par la crainte des ennemis qu'il lui suscite.

C'est, sans doute, cette crainte qui a été le motif des
préparatifs militaires de la France, et qui, malgré les
assurances de paix données à l'extérieur par son gouvernement, en ont nécessité de pareils dans plusieurs
états européens.

Ce n'est pas que les souverains aient à craindre que le
principe démocratique qui les menace parvienne chez
eux par la force, mais ils ne peuvent nier qu'il ne s'y
soit introduit par la ruse, par des intrigues étrangères;
et l'effroyable explosion que ce principe a fait chez leurs
voisins est pour eux une utile expérience.

Ces préparatifs de guerre qui sont une charge énorme

pour le peuple, n'auraient pas été nécessaires si l'explosion n'avait eu pour but que le retrait des ordonnances, puisqu'il pouvait avoir lieu sans le changement de dynastie et même en observant le respect pour cette loi de l'inviolabilité sur laquelle repose la sécurité des rois et la tranquillité des peuples.

Dans ces graves circonstances, quel serait le moyen de rendre la paix à l'Europe et à la France ?

Pour résoudre ce problème politique, il faudrait se dégager de toute prévention et de tout intérêt personnel. Peu de personnes peuvent s'approprier ce mérite, mais il peut résulter de la position. Cette position serait la mienne s'il m'était possible de me défendre d'une juste prévention pour d'augustes personnages dont je révère les vertus et dont j'ai reçu tant de marques de bonté. Mais je suis trop persuadé de la constance de leurs bonnes intentions envers la France pour douter que je serais désavoué par les nobles exilés, si je formais dans leur intérêt seul des projets nuisibles à sa tranquillité.

Laissons donc à nos malheureux princes toute la gloire de leur abdication ; il n'est pas question de *carlisme*, il s'agit de légitimité (1).

Nos ancêtres disaient : *Le roi est mort, vive le roi !*

Dès l'instant que la généreuse abdication de Charles X a été prononcée, tous les Français auraient dû dire : *Le roi Charles X et son fils le Dauphin ont abdiqué, vive le roi Henri V !* Est-ce pour constater uniquement le droit de l'enfant royal ? non sans doute ; mais pour ne

(1) Voyez la note I à la fin de cet écrit.

pas remettre tout en question, pour éviter surtout l'éventualité des guerres civiles et étrangères qui firent couler le sang anglais pendant près de deux siècles.

Si la légitimité était reconnue en France, plus de guerres à craindre au dehors, plus de troubles intérieurs; car tout concourrait à rendre le gouvernement fort et habile.

Le peuple français a encore besoin de cette paix dont il a recueilli les fruits pendant quinze années : qui refuserait de la lui assurer en rappelant le légitime souverain? Ce n'est pas même, j'oserai le dire, l'illustre prince qui consentit à s'asseoir un instant à sa place pour arrêter les suites d'une insurrection fomentée par des ennemis de tout gouvernement monarchique, par des mécontens avides de pouvoir.

Tandis que le parti républicain méditait, après les trois jours de juillet, de réaliser son épouvantable chimère, ce fut une nécessité, afin d'échapper à ce danger imminent, que les mécontens qui voulaient arriver au pouvoir s'étayassent d'un nom auquel se rattachaient des souvenirs de gloire, de vertu et de bonté ; ils choisirent le prince qui, aux yeux du peuple, devait paraître exempt de tout ressentiment ; mais ce prince disposé à accomplir un si grand sacrifice pour rétablir le calme, ne pouvait être qu'un Bourbon.

Louis-Philippe, qui a donné ce grand exemple de dévouement, donnerait par une généreuse abdication celui d'un désintéressement si sublime, qu'il en imposerait à cette multitude de prétentions qui depuis quarante ans désolent la France.

Il est entendu que cette abdication serait pure et simple, et qu'il en résulterait que les choses se retrouveraient naturellement ce qu'elles auraient été avant le 8 août 1830, si la mère du duc de Bordeaux se fût présentée à l'Hôtel-de-Ville, tenant son jeune fils d'une main et de l'autre la généreuse abdication de Charles X et de Louis XIX.

L'effet d'une si héroïque détermination se ferait sentir dans l'Europe entière ; puisqu'il est trop vrai qu'elle est travaillée par un esprit révolutionnaire qui doit l'agiter pendant long-temps, il n'est pas douteux que le rétablissement de la légitimité en France déconcerterait les agitateurs de tous les pays.

Devenu le restaurateur de l'ordre en France, le pacificateur de l'Europe, Louis-Philippe lèguerait à ses fils une couronne bien autrement immortelle, une couronne civique qui passerait à leur postérité avec le glorieux titre de bienfaiteur de l'humanité.

Une couronne de laurier fait couler les larmes, une couronne civique les essuie. La première suppose une victoire remportée sur les autres, la seconde une victoire bien plus difficile, un triomphe sur soi-même. Les succès de la première sont toujours partagés, ceux de la seconde appartiennent à l'individu seul ; et une noble abnégation de soi-même dans l'intérêt de tous lui assure un droit imprescriptible à la reconnaissance de la postérité.

Je n'ai considéré, dans les vues que je viens d'exposer, que l'avantage de la France ; celui des deux branches de la maison de Bourbon n'a été que secondaire.

Mais ces deux intérêts sont depuis si long-temps et si

intimement liés l'un à l'autre, que tous les efforts tentés depuis quarante ans pour les séparer ont été infructueux. Aussi, deux choses remarquables : le nom de Bourbon est à peine prononcé que la révolution de juillet prend une direction contraire aux desseins des révolutionnaires. Un Bourbon cède les rênes du gouvernement pour arrêter les troubles, un autre les saisit pour les éteindre; tous les deux dans l'intérêt de la France. Espérons que l'auguste prince qui a bien voulu se charger de ce dernier et pénible soin, et qui peut seul y parvenir, prendra cet unique moyen d'y réussir en acquérant une gloire immortelle.

Quel vœu pourrais-je former qui fût plus digne de la gloire de ce prince? Sans doute il se trouvera des courtisans qui chercheront à m'en faire un crime à ses yeux, tandis que d'autres personnes m'accuseront d'user de trop de ménagement, les uns par un motif d'intérêt personnel, les autres par l'effet d'une exaltation mal entendue. Et ne peut-on pas très bien concilier les intérêts du pays avec les égards dus à un prince qui a du sang royal dans ses veines, et qui se montrerait encore plus digne du nom de Bourbon en descendant du trône pour reprendre le poste d'honneur qui est pour lui sur le premier degré? Plus heureux encore que ses illustres aïeux, car la paix du monde serait le prix de son sacrifice !

Où est le bonheur en France aujourd'hui? Je ne le vois ni sur le trône, ni hors du trône; ni dans le château, ni dans la chaumière, ni dans le comptoir du négociant, ni dans l'atelier de l'artiste.

Telles étaient les réflexions qui m'occupaient dans la

solitude que je me suis faite, moi, vieillard plus qu'octo-
génaire, mais dont le cœur, tantqu'il ne cessera de battre,
n'aura de vœu que pour la gloire et la prospérité de la
France ; telles étaient, dis-je, mes réflexions , quand de
nouveaux bruits ont circulé sur la possibilité d'une abdication prochaine ; j'ai senti alors se ranimer toutes mes
forces comme au pressentiment que ma pensée inté-
rieure avait peut-être trouvé un écho dans un noble
cœur de prince ; alors je n'ai plus hésité à livrer mes
pensées au public ; heureux de donner ainsi à mon pays
un dernier témoignage de dévouement qui prouve à mes
contemporains que je lui ai consacré, selon l'expression
d'un grand orateur , *les restes d'une voix qui tombe et
d'une ardeur qui s'éteint.*

NOTES.

Note A , page 7.

Dans une conférence entre les barons, en présence de leur armée qu'ils qualifiaient de l'armée de Dieu et de la sainte religion, Jean-sans-Terre accorda cette charte appelée par les Anglais *great charter*.

Note B, page 8.

L'héritier de la maison Mortimer qui, étant le successeur légitime de Richard II, avait été déclaré dans le parlement héritier de la couronne, était un enfant de sept ans. Ses amis consultèrent sa sûreté en gardant le silence sur son titre ; Henri le confina avec son plus jeune frère au château de Windsor; mais il avait raison de craindre que, à mesure que ce prince grandirait, il tâcherait de gagner l'attachement du peuple en lui faisant considérer la fraude, la violence et l'injustice avec laquelle il aurait été exclu du trône. Plusieurs antécédens favorables pouvaient concourir à son avantage; il était né en Angleterre; l'alliance de sa famille excitait un grand intérêt ; quelque criminel qu'eût été le monarque dépossédé, cet enfant entièrement innocent était de la même religion, et avait été élevé dans les mêmes principes que le peuple; il ne pouvait avoir d'autre intérêt que le sien; toutes ces considérations concouraient en sa faveur, et quoique l'habileté de Henri IV pût prévenir quelque dangereuse révolution, on devait craindre avec raison que son autorité ne pût égaler celle de ses prédécesseurs.

Note C, page 8.

On était affecté de quelques usurpations de l'autorité royale et on n'avait aucune jalousie contre les communes, dont les entreprises pour acquérir du pouvoir avaient toujours été voilées de l'apparence du bien public.

Plusieurs familles aussi qui étaient récemment devenues riches par le commerce, voyaient avec indignation que, malgré leur opulence, elles ne pouvaient s'élever au niveau de la noblesse; elles accueillaient par conséquent un pouvoir dont le succès devait leur faire acquérir un rang et de la considération.

Note D, page 13.

Ici s'arrête toute ressemblance ou comparaison à établir entre la révolution anglaise de 1688 et la catastrophe de juillet 1830. Si comme au temps de Jacques II le sceptre est tombé des mains du monarque, du moins en quittant ses états, Charles X a pourvu à ce que les rênes du gouvernement fussent remises en

des mains légitimes. La double abdication de Charles X et de
Louis XIX a de suite établi les droits de Henri V, bien que des
députés sans mission aient prétendu déclarer le trône vacant.
Au reste, ces députés ont eux-mêmes reconnu leur mensonge
en décrétant le dépôt aux Archives de l'acte royal qui constate
les droits immédiats du duc de Bordeaux sous l'auguste tutelle
du prince lieutenant-général.

Note E, page 13.

Les auteurs anglais font connaître le mécontentement que le
peuple manifesta pendant le règne de Guillaume III et celui que
ce prince éprouva lui-même.

« Un mécontentement secret, disent-ils, se répandit de proche
en proche; on se plaignait des ressorts que Guillaume mettait
en œuvre, des pensions, des emplois et des grâces qu'il prodi-
guait, des ravages de la guerre, de la dépopulation du royaume,
de la décadence de l'agriculture, de l'industrie et des subsides
énormes que le roi avait obtenus du nouveau parlement qu'il
avait convoqué. »

D'un autre côté, ces auteurs disent que les succès de Guillaume ne servirent qu'à lui attirer des chagrins; que le stathouder
de Hollande eut lieu de se repentir d'être devenu roi d'Angleterre; aussi l'appelait-on le stathouder des Anglais et le roi de
Hollande; il fut en butte aux conspirations et aux révoltes
toujours renaissantes.

Note F, page 14.

Accroître leur pouvoir et diminuer celui du roi était l'objet
de l'ambition de la majorité de la chambre des communes. Les
patriotes ambitieux et entreprenans dédaignaient une autorité
précaire; ils voulaient acquérir, au moyen d'une attaque hardie
et vigoureuse, une souveraineté entière, assurer leur pouvoir et
leur sécurité par l'agrandissement du pouvoir populaire; et le
danger où ils prétendaient que la constitution avait été exposée
leur persuadait qu'elle ne pourrait être consolidée que par un
entier anéantissement de l'autorité qu'ils disaient l'avoir envahie.

Note G, page 15.

La nécessité d'armer le gouvernement d'un pouvoir extraordinaire dans des circonstances extraordinaires est avouée par
l'honorable M. Roul, député de la Gironde, dans la séance du
29 novembre 1832, ce qui prouve la justesse de son esprit.

Il convient que ce pouvoir existait dans la charte de 1814;
il prétend qu'on en a fait un mauvais usage, qu'on en a abusé,
mais non impunément.

Toutes les fois qu'on usera de ce pouvoir extraordinaire
il se trouvera des gens qui prétendront qu'on en a abusé, parce
que l'on aura contrarié leurs mauvais desseins; mais s'il s'en

trouvait qui pussent justement être soupçonnés d'en former
qui pourraient exciter à une guerre civile et étrangère,
dirait-on que l'on ferait un mauvais usage de ce pouvoir en
l'employant pour prévenir ces malheurs? Si cette prévision avait
été justifiée par l'événement, pourrait-on nier qu'il y avait eu
nécessité de l'employer.

Note H, page 15.

Si le principe de la souveraineté du peuple n'avait été qu'une
théorie, si son application n'avait pas eu lieu dans un gouvernement déjà constitué et où la légitimité et l'inviolabilité avaient
pour garant la responsabilité des ministres, les souverains étran-
gers n'auraient eu aucun sujet d'intervention ; mais lorsque la
rage révolutionnaire qui grondait sur les têtes couronnées
est tombée sur la plus innocente des légitimités et a menacé
toutes les autres, il faut plus que des protestations pour les ras-
surer, et ce n'est pas par des apprêts militaires que l'on y
réussirait : plus ils seraient formidables, moins ils rempliraient
ce but.

Note I, page 17.

Ici se trouvent à peu près répétées quelques réflexions déjà
émises dans un autre écrit intitulé *Simple Vœu*, imprimé à Bordeaux il y a deux ans (1). J'avais en vue, alors comme aujour-
d'hui, le salut de la France ; il est donc tout naturel que mes
expressions aient quelque ressemblance, mais la ressemblance
n'existe plus dans l'époque. Alors un grand homme d'état était
placé à la tête des affaires. Ses intentions étaient droites, et ses
vues réellement patriotiques ; et je ne crois pas être le seul à
regretter que M. Casimir Périer n'ait pas été armé de ce pouvoir
extraordinaire dont ses successeurs se sont investis plus tard.
Certes, il eût mieux compris les besoins de la France et l'intérêt
de la paix de l'Europe que ceux qui ont fait servir uniquement
cette dictature à créer des bastilles et à consacrer des mesures
acerbes et illégales.

(1) Quoique cet écrit ne fût imprimé que pour être distribué à mes amis, il
n'en fut pas moins l'objet d'une attaque très-violente de la part d'un journaliste
révolutionnaire du pays. J'ai d'autant plus de plaisir à me le rappeler, que l'auteur
du *Simple vœu* eut aussi une grande part dans ses injures. Qu'on me pardonne
cette petite vanité.

www.ingramcontent.com/pod-product-compliance
Lightning Source LLC
Chambersburg PA
CBHW070749280326
41934CB00011B/2851